AF496057

# CATALOGUE

## DES

# GENTILSHOMMES

## D'ANJOU

### ET PAYS SAUMUROIS

QUI ONT PRIS PART, OU ENVOYÉ LEUR PROCURATION AUX ASSEMBLÉES DE LA NOBLESSE
POUR L'ÉLECTION DES DÉPUTÉS AUX ÉTATS GÉNÉRAUX DE 1789

Publié d'après les procès-verbaux officiels

PAR MM.

LOUIS DE LA ROQUE ET ÉDOUARD DE BARTHÉLEMY

## PARIS

| E. DENTU, LIBRAIRE | AUG. AUBRY, LIBRAIRE |
| :---: | :---: |
| AU PALAIS-ROYAL | 16, RUE DAUPHINE |

1864

# AVERTISSEMENT

L'Anjou, situé entre le Maine au nord, la Bretagne à l'ouest, le Poitou au midi, et la Touraine à l'est, fut longtemps comté, et devint ensuite duché-pairie.

Il eut deux lignées de comtes particuliérs. Le plus illustre des comtes de la première race est Foulques de Nerra, qui fonda en 1028 le chapitre noble de N. D. du Ronceray, à Angers, et eut de longues guerres à soutenir contre les comtes de Blois. Foulques le Réchin, héritier par sa mère du comté d'Anjou, fut la tige de la seconde race dite des *Plantagenets*, qui régna en Angleterre et en Normandie (1).

Réuni à la couronne par Philippe-Auguste, érigé en duché par le roi Jean, en 1360, il servit d'apanage aux princes de la maison de France. Jean le Bon le donna, avec titre de duché-pairie, au frère de Charles le Sage, Louis de France, dont la postérité mâle s'éteignit avec René d'Anjou en 1480. L'Anjou fut de nouveau réuni au domaine royal jusqu'à Henri III, qui l'en détacha pour accroître l'apanage de son frère puîné François, duc d'Alençon. Après la mort de ce prince, en 1584, l'Anjou fit définitivement retour à la couronne, et le titre de duc d'Anjou ne fut plus que nominal. Nous le voyons successivement porté par Gaston, frère de Louis XIII; par Philippe, frère de Louis XIV; par Philippe V, avant

(1) La province d'Anjou n'eut presque jamais d'autre blason que celui de ses comtes et de ses ducs. On lui attribue pour armes primitives : « de gueule à la barre d'argent, écartelé d'argent à la bande de gueule; » *alias* : « d'or à l'aigle de sinople, ou de sinople à l'aigle d'or », et enfin : « de gueule au rais d'escarboucle pommele et fleurdelisé d'or à la bordure de France. »

Les comtes d'Anjou, de la maison de Plantagenet, portaient : « de gueule à deux léopards d'or; » les ducs d'Anjou : « de France ancien à la bordure de gueule. »

d'être déclaré roi d'Espagne, en 1700; par Louis XV, avant de devenir dauphin, en 1712, et par le second fils de Louis XV, mort en bas âge.

L'Anjou était, au moment de la révolution, pays d'élection ; ses Etats, dans lesquels les délibérations étaient prises « de l'assentiment des gens d'église, des nobles et des représentants des communes, » n'existaient plus depuis le commencement du seizième siècle. La dernière convocation paraît en avoir été faite par Louis XII, en 1508. Bodin, qui était d'Angers, et qui écrivait en 1575, ne mentionne pas l'Anjou parmi les provinces qui avaient conservé leurs Etats particuliers.

La province d'Anjou ressortissait, pour la justice, au Parlement de Paris, et avait trois siéges présidiaux : Angers, Château-Gontier et la Flèche ; pour les finances, elle dépendait de la Généralité de Tours. La ville d'Angers était le siége du gouverneur militaire et du sénéchal d'épée d'Anjou et du pays Saumurois, qui correspondent aujourd'hui au département de Maine-et-Loire. à celui de la Mayenne, pour l'arrondissement de Château-Gontier, et à celui de la Sarthe pour l'arrondissement de la Flèche.

Paris, le 20 juillet 1864.

# CATALOGUE



DES

# GENTILSHOMMES D'ANJOU

ET PAYS SAUMUROIS.

## SÉNÉCHAUSSÉE D'ANJOU.

*Procès-verbal des séances de l'ordre de la Noblesse, des sénéchaussées d'Angers, Beaufort, Baugé, Château-Gontier et la Flèche, après sa séparation des ordres du Clergé et du Tiers-état (1).*

**18 mars 1789.**

(*Archiv. imp.*, B. III. 7. p. 259-335.)

Augustin-Félix-Élisabeth Barrin, chevalier, comte de la Galissonnière, chef de nom et armes, Sgr de la Sirerie et principauté de Pescheseul, du marquisat de la Guerche et autres lieux, maréchal des camps et armées du Roi, grand sénéchal d'épée héréditaire des cinq sénéchaussées de la province d'Anjou et Pays Saumurois.

(1) Nous croyons devoir faire observer qu'un certain nombre de familles nobles ont pu ne pas figurer dans les assemblées d'Anjou et Pays Saumurois pour cause d'absence, de maladie ou d'abstention.

Cette liste a été collationnée sur la copie du procès-verbal original, qui fut publiée au mois de février 1862, par le journal le *Maine-et-Loire;* nous l'avons revue et complétée à l'aide du procès-verbal imprimé à Angers, chez Mame, imprimeur du Roi, en 1789. La vérification des admissions se fit avec une extrême rigueur. Pour prévenir des discussions orageuses, les titres et les qualifications furent supprimés.

Louis-Stanislas-Xavier, fils de France, frère du Roi, Monsieur, duc
d'Anjou, etc., représenté par
    — le comte de Cossé, premier gentilhomme de sa chambre.
Louis-Joseph de Bourbon, Prince de Condé, Prince du sang, duc
d'Enghien, de Guise et du Bourbonnais, Sgr du Chantoceaux en Anjou,
pair et grand maître de France, gouverneur et lieutenant-général
pour le Roi en ses provinces de Bourgogne et de Bresse, colonel-
général d'infanterie française et étrangère, représenté par
    — Antoine-Joseph-Eulalie de Beaumont d'Autichamp, ma-
      réchal de camp, inspecteur divisionnaire de l'infanterie de
      l'intérieur, chevalier de Saint-Louis et de Cincinnatus.
Etienne-Alexandre Allard du Breuil.
Jean-Denis Amelot, Sgr de Châteauneuf et Juvardeil.
Charles-François d'Andigné de Mayneuf, Sgr de l'Isle-Briaudet de Mon-
talais, et pour :
    — Françoise Cassin, veuve de Gabriel-François Amys du Pon-
      ceau, dame de Saint-Sigismond et de Villemoisan,
    — Elisabeth-Jeanne Poulain de Bouju, veuve de Charles-Ga-
      briel d'Andigné de Mayneuf, dame de la Fretais.
Charles-Jean d'Andigné, Sgr de Villeguyer et du Pin,
    — Louise-Josephe de Robien, veuve de Guy-René-Charles-
      François d'Andigné, Sgr de Sainte-Gemmes-d'Andigné,
      dame d'Avessé.
Pierre d'Anthenaise, Sgr de Saint-Philbert en Mauges.
Marcel Avril, Sgr de Pignerolle et de Chaufour.
René-Guillaume Ayrault, Sgr de la Roche,
    — Guillaume-François-Geneviève Ayrault, Sgr de Chauvon,
    — Catherine-Jeanne Le Bascle, veuve de Louis de Marseille de
      Millon, dame d'Athée.
Pierre Ayrault, Sgr d'Andigné.
Pierre-Jean-Marie Ayrault, Sgr de Saint-Thenis.
Joachim-André Aveline de Narcé, Sgr de Champiré et de Grugé,
    — Marie-Angélique d'Helliand, veuve de René-Jacques de Jui-
      gné, Sgr de Saint-Saturnin du Limet, dame de Cham-
      bellay,
    — Françoise-Céleste Berthelot, dame de l'Échelle.
Charles-Laurent Aveline, Sgr de Narcé et de la Garenne,
    — Marie-Anne de la Motte, veuve de Grand'homme, Sgr de Gi-
      zeux, dame de la Caillère,
    — Jean-François de Brandiery-Montmayeux, Sgr de l'Essuile
      et de la forêt de Beaufort.
François-Armand-Joseph d'Avoine (d'Avoynes), Sgr de Combrée.
Auguste-Joseph d'Avoine,
    — Félicité-Marie d'Avoine de la Jaille, dame de Vergonnes.
Pierre-Geneviève-René de la Barre, Sgr du Tilleul,
    — Marguerite Balaleri, veuve de Gaston Deshaies de Cry, dame
      de Fresnay et Petit-Fontenay.
Louis-Pierre de la Barre de Préaux, Sgr de l'Hôtellerie de Flée,
    — Geneviève-Marguerite-Jeanne du Tertre, dame du Tertre
      de Mée, veuve de Marc-Alexis-Louis-François de Lancrau,

Sgr de Chanteil et de Pomérieux, pour elle et pour Colombe de Lancrau, sa fille, et comme tutrice de

Achille de Tremizon, Sgr de Saint-Poix, son petit-fils.

René-Marie-Michel Lebault, Sgr de la Morinière.

Auguste-Joseph de Baude de la Vieuville,

— Etienne-Auguste de Baude de la Vieuville, Sgr du Lude,

— François-Joseph-René Prevôt de Bonnezeaux, Sgr de Linière.

Antoine-Joseph-Eulalie de Beaumont-d'Autichamp, Sgr de Sainte-Gemmes-sur-Loire, de Saint-Augustin de Beausse, maréchal de camp et inspecteur divisionnaire des armées du Roi,

'— Jean-Thérèse-Louis de Beaumont d'Autichamp, Sgr de Châteaugontier, maréchal de camp et inspecteur divisionnaire des armées du Roi, son lieutenant et commandant des ville et château d'Angers, commandeur de l'ordre de Saint-Louis.

Joseph de Bautru, Sgr de la Roulerie,

— Marie-René-Antoine de la Poëse, Sgr de Montjaugé.

Claude-Louis-Jean-Vincent de Beauveau-Craon, Sgr de la Treille.

Charles-François Berrault de la Roche-Moreau, Sgr de Noyrieux.

Marie-Alexis Bernabé, Sgr de la Haie-Fougereuse,

— Henri-Armand-Célestin de la Fontenelle, Sgr de Millé et de la Turpinière,

— Charles-Joseph-Augustin de Walsh-Serrant, Sgr de Bouillé-Ménard, chevalier de Saint-Louis.

Charles-Anne-René Bernard de la Frégeolière.

Jean-Mathurin Bernard, Sgr du Pont,

— Gabriel-Louis de Neuville, duc de Villeroy, Sgr de Pouancé.

Charles-Gilles Bernard, Sgr de la Barre,

— Jacques-Philippe-Jean-François Bernard, Sgr de Danne.

Henri-René Bernard, Sgr de la Sionnière,

— Louise Fontaine de Merré, veuve d'Augustin de Morand, Sgr de la Mulottière, dame de Fontaine et de la Rousselière.

François-Marie Bidon, Sgr de la Prevôterie.

Jacques-François Le Bloy, Sgr des Granges et du Gault, paroisse du Vieil-Baugé.

Antoine-Séraphin du Bois de Maquillé, Sgr de Maquillé et de la Buronnière,

— Marie-André-Paul-Louis du Verdier de Genouilhac, Sgr de Cellières,

— Marie-Jeanne Falloux, veuve de Jean-Louis de Marcombe, dame de Mozé,

— Charlotte-Emilie de Bonchamp, dame par indivis de la Renaudière et Machefollière.

Louis-Marie-François du Bois-Jourdan, Sgr de Chanay et Launay-Gautier,

— Louis François-Séraphin du Bois-Jourdan, Sgr de Longuefuie et des Courants,

— Louis-André de Lantivi, Sgr de Niafle.

Charles-César-Louis de Boissard, Sgr de la Chauvière,

    — Joseph-Charles-François de Hellaud, Sgr de Vallière et de la Roche-d'Iré,

    — Louis-André-Henri de Nau, Sgr de la Crochinière.

Jean-Armand de Boissard,

    — André-Julien-César Leclerc de la Ferrière, Sgr de la Basse-Rivière,

    — Charles-René-Isaac de Boissard, Sgr de Launay Dénézé.

Jacques-Honoré de Boylesve de la Maurouzière, Sgr de la Tessouale,

    — Henri Blanchard de Pégou, Sgr de Pégou,

    — Anne-Marguerite-Victoire Nau, veuve de Jacques-Charles Grandhomme, dame de la Gannetière.

Marin de Boylesve de la Maurouzière, Sgr de Saint-Lambert-de-la-Potherie,

    — Louis-Hercule-Timoléon de Cossé, duc do Brissac, comte de Villiers,

    — François-Félix de Grimaudet, Sgr de la Rochebouet.

Marin de Boylesve de la Maurouzière,

    — Anne-Joseph-Julien de la Bourdonnais, vicaire général du diocèse de Nantes, Sgr de la Varenne,

    — Joseph-René-Marie-François-Régis, Madeleine-Pauline et Marie de la Bourdonnais, Sgrs de Mezangeau.

Alexis-Joseph de Bernabé, Sgr de la prévôté de Corné, paroisse de Corné.

Marie-Joseph de Bonchamp, Sgr du Bignon et Molesse,

    — René-Louis de la Barre, Sgr de l'Epronnière,

    — Louis-Anselme-François Pasqueraye du Rouzay, Sgr de Saint-Jean des Mauvrets.

Pierre-Jean-François Boucault de Melliant, Sgr de Bacot,

    — Aimée-Louise-Françoise Boucault de Melliant, veuve de René-Aimée-Constant de Grimaudet, dame du Petit-Bois.

Paul-Jean-François Boucault de Melliant.

René-Marie de Bossoreille, Sgr de la Bernardière.

Pierre-Jean-Philippe de Bossoreille de Ribou.

Jacques Boullay du Martray,

    — Louis-François Chamillart, Sgr de la Suze.

Cardin-Victor-René Le Bret, Sgr de la Bruère,

    — Ignace-Vincent-Etienne Lebret (le Bret), Sgr de la Bruère.

Louis-Laurent-Marie-Joseph du Breil du Bost, Sgr de la Blinière et des Pallits.

Charles-Clovis Brillet, Sgr de Candé et Chauveaux,

    — Pierre-Clovis Brillet, Sgr de Loiré,

    — Jacques Brégent Brillet de Villemorges, Sgr du Mesnil, chevalier de Saint-Louis.

Jean-Baptiste-Etienne-Louis-Antoine de Brie-Serrant.

Louis-Joseph-François-Ange-Pierre-Hyacinthe du Buat, Sgr de la Subrardière,

    — Jeanne-Hyacinte-Henriette de Villeautreys, non commune en biens de Jean-François de Villeautreys de Brignac, dame du Bas-Plessis,

    — Jacques-Annibal-Gabriel de Farcy, Sgr de Gatine ct Cuillé.

René Bucher de Chauvigné, Sgr de la Violette.
Jacques-Dominique de Buzelet, brigadier des armées du Roi.
Anne-Artus de Bonchamp, Sgr de la Baronnière, doyen de la noblesse
d'Angers.
Charles–Melchior-Artus de Bonchamp, Sgr du Crucifix,
> — Marie-Paul–Alexandre-César de Scépaux, Sgr du Bois-
> Guignot,
> — Marie Irland de Bazoges, Sgr de Putille.
Joseph Bachelier de Beroy ou Berey, Sgr d'Avrillé et de la Perrière.
Claude-Augustin de Bourdon–Gramont, chevalier de l'ordre de Saint-
Lazare.
François Bucher, Sgr de l'Ecorse,
> — Claude-Louis Bouchard de la Potherie, Sgr de Laigné, che-
> valier de Saint-Louis.
Pierre Benoit, Sgr de la Motte de Baracé.
Joseph Berthelot, Sgr de la Durandière,
> — Jeanne-Françoise Berthelot, veuve de François-Augustin
> Marquis, Sgr des Places, au nom et comme tutrice de
> Jeanne-Marie , Julie et Agathe, Marquis, dames des
> Places.
Joseph Berthelot de la Durandière fils.
Charles-Urbain Belot, Sgr de la Chaussée.
François-Honoré-Hyacinthe de la Corbière, Sgr de Juvigny, des Alleux
et de la Chapelle-Craonaise,
> — Louise-Renée-Ursule de la Corbière, dame de la Fontenelle,
> — Jean-Baptiste–Antoine de la Haye-Montbeau, Sgr de la
> Tour-Landry.
François-Charles Coquereau du Bois·Bernier, Sgr de Bataille et de
Seillons,
> — Madeleine-Thérèse-Félicité Coquereau du Bois-Bernier, dame
> de l'Asnerie.
Barthélemy-Joseph-Augustin-Michel de Cambourg, Sgr de Fontaine,
> — N. Jousbert de Rochetemer, Sgr du Bois-Grolleau.
Jean-Barthélemy de Cambourg, Sgr de la Cour-de-Genouillé et du
Marais, chevalier de Saint-Louis.
Louis-Dominique de Cantineau.
René-Pierre-Jacques Chalopin, Sgr de Vaubergé.
René-François de Champagné, Sgr d'Auverse et du Fresne, chevalier
de Saint-Louis,
> — Louis Crochard, Sgr de la Sansonnière et du Plessis,
> — Louis-Alexis d'Auvet, Sgr de la Perrine, maréchal de
> camp,
> — Marie-Henriette Valette, épouse de Claude-Marie de Billon,
> dame de Vieux-Château.
Guillaume de Champagné–Giffart, Sgr de la Roche-Normand, chevalier
de Saint-Louis,
> — Jean-Baptiste-Hyacinthe-Marie du Tertre de Sancé, Sgr de
> Baubigné, maréchal de camp,
> — François d'Andigné, Sgr de Saint-Gault, chevalier de Saint-
> Louis.

Charles-Pierre-Marie de Champagné, Sgr de la Brétêche, chevalier de Saint-Louis,
— Jean-Henri Boucault, Sgr du Plessis-de-Juigné.
René-François Charbonnier, Sgr de la Guesnerie, chevalier de Saint-Louis,
— Pierre-Jean-Baptiste-Henri de Cornuiller, Sgr de l'Espronnière.
Henri-Guillaume Lechat fils,
— Henri-Louis-Claude Lechat, Sgr de Tessecourt.
Eugène Chauvel de la Boulaie,
— Jeanne Chauvière, dame du Vau,
— N. Pantin, veuve de N. la Chevière de Saint-Morand, dame de la Rouaudière.
René-Philippe-François de Chevaie (Chevaye),
— René Chevaie du Plessis, Sgr d'Avrillé.
François-Pierre-Ambroise de Chevrue de Chemau,
— René-Charles-Louis de la Barberie, Sgr de la Philippière et de Choisy.
Henri de Cherbon, Sgr de Cherigny, paroisse de Chenu.
Félix-François de Chevrue, Sgr de Souvardenne, chevalier de St-Louis,
— Jacques-Marie-François de la Berraudière, Sgr de Bouzillé et de Melay,
— Mélanie Louet, épouse non commune en biens d'Antoine-Hercule de Leshénault de Saint-Sauveur, chevalier de Saint-Louis, dame de Mirabeau.
Charles-Auguste Leclerc de la Ferrière de Vezins,
— Marie-Suzanne-Radegonde Marsant ou Marsault de Parsay, veuve de Louis-Philippe-André-Fortuné Leclerc, Sgr de Vezins et de la Ferrière.
Charles-Georges de Clermont, Sgr de Gallerande et Pringé, maréchal de camp,
— Jean-Louis-Charles de Bœuf de Pradel, Sgr des Essards, chevalier de Saint-Louis,
— Louis Hurault de Vibraye, Sgr de la Roche-des-Aubiers, maréchal de camp, inspecteur des armées du Roi.
Jean-Joseph Cohon, Sgr de la Raudière et Travaillé.
Prosper-François-Luc-Annibal-Armand de Collasseau, Sgr de Montplacé, chevalier de Saint-Louis,
— Marie-Placide-Eugénie de Collasseau, veuve de Jacques-Charles de la Berraudière, dame de Monceaux.
Charles-François-Camille de Constantin, Sgr de la Lorie,
— Marie-Yves des Brosses du Goulet, Sgr du Vau de Chavagne et des Brosses,
— Gabriel-René-François de Rochelambert, Sgr de Somloire.
Charles-Jules-Gaspard de Contades, chevalier non profès de l'ordre de Saint-Jean de Jérusalem.
François-Artus-Hyacinthe-Timoléon de Cossé-Brissac, Sgr de Gonnord, maréchal de camp et commandeur de Saint-Lazare,
— Claude-Louis de la Châtre, Sgr de Malicorne et Cromières, maréchal de camp.

René-Edouard de Couet.

Armand-René Crochard de la Crochardière, Sgr de Fontaine-Milon, gouverneur de Baugé, chevalier de Saint-Louis.

Louis-Hyacinthe-François de Cumont du Puy, Sgr de l'Epinay,
> — Jeanne de Montéclair, épouse non commune en biens de René-Marie de Montéclair, maréchal de camp, dame de Saint-Sulpice,
> — Jacqueline-Julie-Victoire de la Lande, veuve de Paul-François de Leshénault, Sgr de Saint-Sauveur de Flée, chevalier de Saint-Louis, dame de Portebise.

Charles de Cumont, chevalier de Saint-Louis,
> — Jeanne-Rosalie de Rougé, veuve d'Augustin-Achille de Rougé, chevalier de Saint-Louis, dame des Rues et de Chenillé,
> — Louis-Timothée-François de Cumont, Sgr du Pui et Froidfont.

Jean-Charles de Cumont, Sgr du Pruina,
> — Timoléon-Madelon-François de Savonnières, Sgr d'Entre deux Bois, chevalier de Saint-Louis,
> — Jacques de Fanning, Sgr de la Roche-Talbot.

Louis-Thomas-Joseph-Alexandre de la Croix, Sgr d'Ardanne.

Prosper-Louis-René-François de Collasseau, Sgr de Martigné, chevalier de Saint-Louis,
> — Henri-Prosper-Augustin-Marie de Collasseau, Sgr de la Besnerie, chevalier de Saint-Louis.

Pierre-Joseph Cousta de Souvré, Sgr de la Fossille,
> — Renée-Geneviève Le Maire de la Mairerie, dame la Purinne.

Edouard-Victorien-Charles-René de Colbert de Maulévrier, Sgr de Maulévrier,
> — Victurnienne-Delphine-Nathalie de Rochechouart de Mortemart, veuve de Bonnable-Jean-Catherine-Alexis de Rougé, Sgr de la Belière,
> — Charles-Louis-Hector de Harcourt, Sgr de Brion, maréchal de camp.

Georges-Gaspard-François-Augustin de Contades, Sgr du Planty et de Montrevaux, brigadier des armées du Roi,
> — Louis-Georges-Erasme de Contades, premier maréchal de France, Sgr de Raguin, Mongeofroi et Mazé,

Renaud-César-Louis de Choiseul, duc de Praslin, Sgr de la Flèche et de la Varenne, maréchal de camp.

Jean-Marie Descajeul, Sgr de Saint-Lambert-des-Levées, chevalier de Saint-Louis.

Pierre-Christophe Détriché des Loges.

Armand-Victor Détriché, seigneur de Baracé.

Etienne-Pierre Détriché, seigneur de la Befferie.

Dieusie-Louis de Dieusie, Sgr de Dieusie et Noyant-la-Gravoyère.

Toussaint Déan, Sgr de Luigné.

Jean-François-Claude Dureau, Sgr de la Gaignonnière.

Zacharie-François-René Dureau fils.

Louis-Pierre Duverdier, Sgr des Petites-Tailles.

— Henri-François-Esprit-Sophie Duverdier, Sgr de la Sorinière,

— René-François d'Hillerin, Sgr du Bois Tissaudeau et de la Bourigaudière.

Jean-Louis-Etienne de Dommaigné de la Rochehuë.

Ferdinand de Dommaigné.

Etienne-Thomas Déan de Luigné.

Pierre-Louis Eveillard, Sgr de Divois,

— Louise-Françoise-Gabrielle le Doux de Châme, dame de Ruigné,

— Marin-Louis Héard de Boissimon, Sgr de Linière-Bouton.

Jean-Charles Eveillon, Sgr de la Coudraie-Noyers.

Armand-Jean de Fayau, Sgr de la Poindasserie.

Charles-Louis de la Faucherie, Sgr du Pin,

— François-Pierre-Louis de la Motte-Baracé, Sgr de Sénonnes,

— N. Saget de la Jonchère, Sgr des Mortiers.

Augustin-Marin Lefebvre de Chasle, chevalier de Saint-Louis,

— Jacques - Charles Lefebvre, Sgr de Saint-Laurent de la Plaine et du Pineau.

Louis-Charles de Fesques, Sgr de Belair.

Charles-François Lefebvre, Sgr de Laubrière, Briançon,

— Toussaint-Henri le Jumeau, Sgr de Blou et la Haie, chevalier de Saint-Louis,

— Louise et Gabrielle de Crespy, dames de la Mabilière.

Augustin-Médard de la Forest d'Armaillé, Sgr de la Menantière.

François-Joseph de Foucault-Rozai, Sgr de Jarzé, maréchal de camp.

Charles-François Lefebvre de Laubrière, Sgr de Méral.

Charles-Pierre de Follin, Sgr de la Brossardière,

— François Dumesnil, Sgr de la Bosseray.

Louis-Henri de la Forest d'Armaillé, Sgr de Saint-Amadour.

Claude-Jean-René Foucault des Bigottières,

— Henry de Vaufleury, Sgr de Rolay,

— Eugène-Jean Ernauld, Sgr de Moulins.

Louis-André de la Forest d'Armaillé, Sgr de Vernée, de Marigné, de Cré et de Chanteucé,

— Sébastien Coustard de l'Echasserie, Sgr de la Brassière.

Jacques Fleuriot de la Fleurière, Sgr de la Haute-Berge et du Plessis, chevalier de Saint-Louis.

François-André-Joseph Foucher de Peyrignon.

Henry-Jacques Galoway, Sgr de Turbilli.

Pascal-François-Ambroise-Urbain Gaudicher des Roches,

— Jean-Marie Gaudicher de Princé, Sgr des Roches,

— Michelle-Perrine-Jeanne Gaudicher, dame de la Gourmandière.

Charles-Michel Gaudicher,

— Michelle-Perrine Ollivier, veuve de Charles Gaudicher, dame de la Loire.

Jacques-Amable Gaultier, Sgr de Clefs.

François Gautreau, Sgr de Bazin-la-Vieille,

— Charles-Marin Héard de Boissimon, Sgr de la Forterie et de la Roche, chevalier de Saint-Louis.

Jean-François-René Gaultier de Brulon,

    — Jean-Louis-Augustin-Thérèse de la Lande, Sgr de Saint-Martin-de-Villenglose.

Jacques-Michel Gérard, Sgr de la Calvinière,

    — Jacques-Joseph-Paul de Laval, Sgr de la Boussinière.

Marie-Gilles de la Bérardière, Sgr de la Barbée,

    — Marie de la Rochefoucauld, duchesse d'Estissac, dame de Durtal, veuve de Louis-Armand-François de la Rochefoucauld, duc d'Estissac, chevalier des ordres du Roi,

    — Madeleine-Anne Gaultier de Launay, dame de Villiers.

Charles-Louis-Gaspard-Augustin de Girard de Charnacé.

Gui-Joseph de Girard de Charnacé.

Pierre-André de Gohin de Montreuil, Sgr de Septaigne, lieutenant-général des armées du Roi,

    — Anne, *aliàs* Antoine-François Bitault de Vaillé, Sgr de Brezé.

René Gaultier de Brulon, chevalier de Saint-Lazare,

    — Dieudonnée de Languedoue de Mongiron, dame des Poiriers.

Louis-Jean-Jacques Gaultier de Brulon, Sgr de la Tuffière,

    — Jean-Urbain-Alexandre Gaultier de Brulon, Sgr de Vaux.

G.-C.-François le Gouz, Sgr de la Tranchaie, maréchal de camp, grand-croix de l'ordre de Saint-Louis,

    — Françoise-Thérèse-Perrine de la Forest d'Armaillé, épouse non commune en biens de François-Honoré-Hyacinthe de la Corbière de Juvigny, dame de Noizé et de Soulaine,

    — Urbaine-Suzanne-Renée d'Hardouin, veuve d'Alexandre-Louis-Michel de Broc, Sgr de la Ville-au-Fourier et de Verneil.

Hercule-Gilles de la Grandière, Sgr du Plessis, chevalier de Saint-Louis.

Louis-André-Hector le Gros, Sgr de Princé,

    — Paul-Marc-Céleste d'Andigné, Sgr de Segré et de Sainte-Gemmes-d'Andigné, tant pour lui que pour Louis-Marguerite-Auguste-Fortuné et Charles-François d'Andigné, chevalier non profès de l'ordre de Saint-Jean de Jérusalem.

Pierre-Alexis de Grave, Sgr de Malvoisine.

Jean-Louis-Jérôme Guillemiot, Sgr de Villebiot.

Louis-Marie-Eugène de Ghaisne Sgr de Bourmont, la Cornuaille et Freigné, chevalier de Saint-Louis,

    — Joseph de Limesle, Sgr de la Bouvraie.

Augustin-François-Chrysante de Godde de Varenne, Sgr de Sautré, chevalier de Saint-Louis,

    — Jacques d'Escoubleau de Sourdis, Sgr de Gesté,

    — Thomas-Robert-Nicolas d'Angerville, Sgr de la Maroutière.

Augustin-Zacharie de Godde de Varenne, Sgr de Montbenault,

    — Augustin Bachelier de Bercy, Sgr de Sceaux,

    — Pierre-Louis de Beaucorps, Sgr de Livois.

Armand-Jean-Aimé de Gohin, Sgr de la Cointerie et de Maillé, tant
  pour lui que pour Isidore de Gohin et Auguste-Isidore-René de Gohin,
  ses frères.
Louis-René de Gohin.
Augustin-René-Nicolas de Gohin, Sgr de Montreuil-sur-Loire, chevalier
  de Saint-Louis,
        — François-Louis-Marin Lejeune de Daumeray, chevalier de
          Saint-Louis, Sgr de la Roche-Jacquelin, de Saint-Germain
          et de Daumeray.
Augustin-François-Pierre de Gohin de Montreuil, Sgr des Essarts.
Pierre-Nicolas de Gohin de Montreuil, Sgr de Chemaut.
Jean-Baptiste-René du Goulet, Sgr des Portes,
        — Jean-Baptiste du Goulet des Patys, Sgr des Brosses.
Louis-Constantin Gourreau, Sgr de l'Epinay,
        — Emilie-Renée Thomas, veuve de Jacques-François Gour-
          reau, dame de la Jonchère.
Louis-Constantin-Angers Gourreau, Sgr de Chanzeaux,
        — François du Verdier, Sgr de la Perrière.
Louis-Constantin-René Gourreau de la Houssaie,
        — Claude Perrault de la Bertaudière, Sgr de la Giraudière.
Augustin-François le Gouz, Sgr du Plessis-le-Vicomte,
        — Louis-Augustin de Guillot, Sgr de la Bardoullière et de
          Cuon.
Palamède-Gilles-Gabriel-Marie de la Grandière, Sgr de la Grandière et
        de Grez.
Charles-François de Girard, Sgr de Charnacé, du Bois, de Montboucher
        et du Lion-d'Angers,
        — René-Rolland de Martel, Sgr de Belœil et de Champ-Charles,
          chevalier de Saint-Louis,
        — Geneviève-Charlotte de Girard, veuve de Théophile de Mo-
          rand, dame du Plessis-Malineau.
Charles-Guillaume Gontard,
        — Charles-Guillaume Gontard, Sgr de la Pichonnière.
Luc-René de Gibot, Sgr de Chavaigne et d'Erigné,
        — Achille-Marc de Barrin, lieutenant-général des armées du
          Roi, commandeur de Saint-Louis, Sgr du Port-Joullain et
          Saint-Crespin,
        — Catherine-Amable de la Haye-Montbault, veuve de René-
          Gilbert de la Haye-Montbault, dame de la Roche-Guéri-
          nière.
Louis-Marie-Jean des Haies de Cosme, Sgr de Chandolan,
        — Louise-Marie-Philippe, Jeanne-Marie-Alexandrine et Hen-
          riette-Madeleine des Haies, ses sœurs, dames de la Chau-
          vière,
        — Pierre-Jean-René de Pierre, Sgr de Fougeray.
Georges-Hector de Tirepoil, Sgr de la Remonière.
René-Henri d'Helliand, Sgr d'Ingrandes et d'Azé, chevalier de Saint-
  Louis, commandeur de l'ordre de Saint-Lazare.
Louis-Charles-Auguste d'Houllières, Sgr de Marton.
Mathurin-René Hullin, Sgr de la Coudre.

René-Gérard Hunault de la Chevalerie, Sgr de la Touche,
   — Joseph-Philippe-Jean-Bernard du Bois-Marais, Sgr de la
   Roche-au-Fesle, chevalier de Saint-Louis.
Charles du Hardas, Sgr de Hauteville.
François-Pierre Jallet, Sgr de la Verroullière.
Louis-Charles de Jourdan.
Augustin-René de Jourdan, Sgr du Hardas.
Gabriel-Jean-Luc Jouet, Sgr de Pied-Haut,
   — Antoine-Charles-Marie-Prosper Bouin de Percuse, Sgr de
   Jallais.
Ambroise-Augustin de Jasseaud.
Pierre-Marc Jourdan, Sgr de la Berthelotière.
Louis de Jousselin, Sgr de la Gaucherie et des Brictières.
Pierre-Marc Jourdan, Sgr de la Berthelotière.
René Lespagneul de Rillé, Sgr d'Argonne,
   — Claude Blanchard, Sgr d'Echarbot, chevalier de Saint-
   Louis,
   — Jacques-Marie Païs de Lathan, Sgr de Breil, chevalier de
   Saint-Louis.
Alexis-Marc-Henri-Charles de Lancreau, Sgr de Bréon,
   — Claude-Jean-René de la Broise de Raíseux, Sgr de la Bou-
   cherollière,
   Michel-René-François du Mans, Sgr de Bourg-l'Évêque et
   Simplé.
Jacques-Armand-Louis de Lancreau de Piard,
   — Jacques-Jean de Lancreau, Sgr de Saint-Aubin-de-Pouancé.
Henri-Charles de Longueil, chevalier de Saint-Louis,
   — Louise-Renée-Céleste Gevryer, épouse de Ch.-René-Eugène
   de Farcy, dame de Champagné,
   — Jules-Jean Galichon, Sgr de Courchamps et du Plessis.
René-Charles Louet, Sgr de la Boutonnière et de la Fleuriais,
   — Charles-César Hullin de la Selle, Sgr de Claireau, chevalier
   de Saint-Louis,
   — Georges Hullin de la Selle, Sgr de la Frapinière, Cossé et la
   Salle-de-Villiers, chevalier de Saint-Louis.
Marie de Launay,
   — Jacques-Henri d'Ecuillé, Sgr de Mollierre.
Guillaume-Guy de Lesrat, Sgr des Briottières,
   — Michel-Laurent Falloux du Lis, Sgr de la Hammonnière,
   chevalier de Saint-Louis,
   — Gabrielle Gillet, veuve de N... Fleuriot, dame de la Brune-
   tière.
Louis-Pierre-Gabriel de Launay, Sgr de Mottais,
   — Jean-Baptiste de Laurens, Sgr de Brion et de Daon.
Louis-François Louet, Sgr de la Romanerie et d'Echarbot-Gatevin,
   — Augustin-Joseph de Goyon, maréchal de camp, Sgr de
   Saint-Laurent-des-Autels,
   — Anne-Perrine de Laurens-Lavau, dame de Saint-Germain-
   des-Bois.
Louis-Guillaume Ménage, chevalier de Saint-Louis.

Charles-Marie-Joseph de Maillé de la Tour-Landry, chevalier de Saint-
Louis.
Jean-Louis-Gabriel de Marguerie.
Gilles-René de Maulne, Sgr de Landeronde.
Jean-Benjamin de la Motte d'Aubigné, Sgr de la Motte,
— Suzanne-Henriette de Fontaine dame de la Baumerie.
Georges-Jacques-Camille de Maillé de la Tour-Landry, Sgr de l'Échas-
serie,
— Charlotte de Grudé, veuve de Charles de Maillé de la
Tour-Landry, dame de la Grange-Ferrée.
Louis-Pierre-Ambroise de Maulne, Sgr de la Perrière.
René-Pierre-Gaétan de Maulne, Sgr de la Haute-Bergère,
— René-Pierre-Jacques-François de Ferrière, Sgr de Macé et
de la Cour du Bois,
— Louis Mabille du Chesne, Sgr de la Motte.
Charles-Pierre-César-Prosper de Mergot de Montergon, Sgr de la Verrie,
— Jean-Baptiste-François de Meneslay-Colbert (de Seignelay),
Sgr de Sablé et de Bois-Dauphin, lieutenant-général,
— Claude-Augustin de la Grange, Sgr de Vernoux.
Anne-Jacques de Maulne,
— Marie-Louise de Varice, veuve de Louis-Gaétan-Balthasard
de Maulne, dame de la Carterie.
François-Jean-Charles de Margey, Sgr de l'Aiglerie, chevalier de Saint-
Louis.
Pierre-Étienne Dumesnil, Sgr de Pineau,
— Madeleine-Céleste-Charlotte du Vau de Chavagne, dame de
la Fribaudière.
Charles-François Malineau, Sgr de l'Épinay (2ᵉ doyen de la noblesse),
— Augustin Martineau, Sgr de Fromentières.
Jean-Baptiste-Joseph Ménage, Sgr de Briollay, Écoufflant et de Soucelles,
— François-Joseph Lemarié, Sgr de la Crossonnnière et du
Plessis-Chivray.
Louis-Henri-René de Mailly, Sgr de Montjean, maréchal de camp,
— Marie-Madeleine-Renée de Mailly, veuve d'Anselme-Étienne
Pasqueraie du Rouzay, dame des Granges,
— Anne-Françoise et Renée-Jeanne de Juigné, dames du Fief-
au-Roux.
Louis-Charles-Alexandre Mabille de la Paumelière, Sgr du Lavoir et de
Nevy.
Charles-Henri-François de Maillé de la Tour-Landry, Sgr de Jalesne et
de Fougerai, commandeur de l'ordre de Saint-Lazare.
Jacques-Louis de Saint-Ouin, Sgr de Vernais, chevalier de Saint-Louis.
Charles-Jean Poulain, Sgr de la Marsolaye,
— Germain-François-Guillaume Poulain, grand chantre et cha-
noine de l'église d'Angers, Sgr de la Guerche et de Lavau.
Paul Pissonnet de Bellefond, Sgr de la Touche.
Guy Poulain de la Forestrie, Sgr de la Lizatière.
Pierre-Louis Pissonnet de Bellefond, Sgr de la Roche-Clairambault,
— Jean-Louis de Maillé de la Tour-Landry, Sgr d'Entrame et
de Parné, maréchal de camp,

— Anne-Suzanne Pissonnet de Bellefond, veuve de Charles-
Louis de Grignon, bail de Benjamin et Désiré de Grignon,
ses enfants, dame de l'Épronnière.

Jean-Guillaume de la Planche, Sgr de Ruillé et du Plessis-Bourré.

François-Charles-Julien Païs du Vau,
— François-Charles Païs du Vau, Sgr de la Guérinière et dé
Trélazé,
— Louis-Paul de Brancas-Céreste, duc de Céreste, Sgr du Mur
au Prieur.

René-François-Aimé de la Poëze, Sgr de la Collaizière,
— Augustin de la Motte-Baracé, Sgr de Pretiat,
— Marguerite-Françoise d'Euvrich le Breton, veuve de Jean-
Guillaume du Boucher, dame de la Forterie.

Louis-Édouard Pissonnet de Bellefond, Sgr du Verger,
— Jean-Baptiste de Préseau, Sgr de la Haie.

Jacques-Augustin Poisson de Montaigu, Sgr de Saint-Eusèbe de Gennes,
des Rosiers et de Frémoulin,
— François-Henri-Alphonse Letourneux, Sgr d'Avrillé et de
Cantenay.

Augustin-François Pocquet de Livonnière.

Joseph-François Poulain Sgr du Mas, chevalier de Saint-Louis,
— Louis le Gouz, Sgr de Bordes,
— Louis-Gabriel de Villeneuve, Sgr du Cazeau.

André-Édouard-Honoré Pissonnet de Bellefond, Sgr de Lancreau.

André-Édouard Pissonnet de Bellefond, Sgr de la Jousselinière.

René Poisson de Gastines, Sgr de Gastines, et de Brunezac.

Jacques Pitard de la Brizollière, chevalier de Saint-Louis,
— Marie-Céleste-Félicité Lechat, épouse non commune en
biens de François Mulon de Caquerai, dame de la Marmi-
tière,
— Marie-Henriette-Thérèse de la Forest d'Armaillé, veuve
d'Henri-Gilbert-Germain de Villeautreys, dame de Beaumont.

Augustin-Étienne Poisson de la Faultrière, Sgr de la Fremondière,
— Rose Poisson de la Faultrière, dame de la Bertais,
— Aimée-Antoinette de Roye, veuve de François-Alexandre
Poisson de la Faultrière, dame de Charost.

Jean-Guy-René-Raoul Petit de Chemelier, Sgr de la Rimbertière.

Raoul-René Petit, Sgr de Blaison,
— Guy Petit, Sgr de Turcar et d'Ardenay.

Jacques-Louis Poisson de Gastines, Sgr de la Ferronnière, chevalier de
Saint-Louis.

Paul Pissonnet de Lancreau.

François-Charles-Mathieu du Pontdaubevoie, Sgr de Lauberdière, chevalier de Saint-Louis.

Louis-François-Bertrand du Pontdaubevoie, Sgr de la Gouberie,
— Joseph-François de Préaux, Sgr de Quelaines, de l'Anchenil
et de Miré.

Henri-Charles du Pontdaubevoie d'Oysonville, chevalier de Saint-
Louis,

2

— Geneviève-Claude de Brissonnet d'Oysonville, veuve d'André-
René du Pontdaubevoie, Sgr de la Roussière, dame de Lane
(Laas) et du Bouchet,
— René-Jacques-Claude du Pontdaubevoie de la Roussière,
Sgr de Launay Basfert et de Chavaignes.
Henri-Louis-Florimont Poulain, Sgr de Ceintré.
Pierre-André-Claude-Scévolle Pocquet de Livonnière,
— René-Annibal de Farcy, Sgr du Rozerai et de Grand-Pont.
Jean-Marie-Claude-Scévolle Pocquet de Livonnière.
Charles-François Pantin de Landemont, Sgr de la Tasserie et de la
Champinière, chevalier de Saint-Louis,
— Louis-François-Jean Pantin de Landemont, Sgr d'Éculart et
Leveau.
Hyacinthe-René de Quatre-Barbes, Sgr d'Argenton et de Châtelain,
— Marie-Anne de Quatre-Barbes, veuve d'Augustin-Joseph-
René Boucault de Melliant, dame de Cens et de la Ben-
tallerie.
Hyacinthe-Charles-René de Quatre-Barbes,
— Madeleine-Jeanne-Henriette-Louise de Broc de la Ville-au-
Fourrier, dame de Haute-Pierre.
Augustin-Lancelot de Quatre-Barbes.
Charles-Augustin de Ravenel-Boisteilleul, Sgr de Juigné-la-Verrière.
Toussaint-Augustin Richard, Sgr de Beauchamp et des Gringuenières.
René-Armand de Ridouet, Sgr de Sancé,
— René de Pérusse d'Escars (des Cars), Sgr de la Roche-Huë,
— Louis-Armand de Crochard, Sgr de la Crochardière, cheva-
lier de Saint-Louis.
Louis-Joseph-Amable de Richard de Castelnau, chevalier de Saint-Louis.
Louis Leroy (Le Roy) de la Potherie, Sgr du Bourg-d'Iré et de la Po-
therie,
— Jeanne-Françoise Ménage, veuve de Louis Le Roy de la Po-
therie, dame de la Mancelière,
— Marie-Françoise Leroy (Le Roy) de la Potherie, veuve de
Charles de Boylesve, dame de Chandemanche.
Louis-François-Armand Roger, ou Royer de Campagnole, Sgr de la
Réauté, de Brissarthe et Pommerieux,
— Antoine de Santo-Domingue, Sgr du Plessis et de la Roche-
bardoul,
— René-Henri de la Tullaye, Sgr d'Engliers et de Varenne.
Anne-François-Joseph-Pierre de la Rue du Can, Sgr de la Motte-Grenier,
— René-Ferdinand de Chaubry, Sgr d'Oyré.
René-Marie Romain, Sgr de la Poissonnière.
Pierre Leroy (Le Roy) de la Potherie, Sgr de la Chesnaie et de Pruillé,
— Geneviève-Catherine Petit, veuve de Pierre Leroy de Mancy,
dame de Neuville.
Claude-René de Russon, Sgr de Bonnezeaux.
Jacques de Savonnières, Sgr de la Maison-Rouge.
Pierre-Victoire de Sarcé, Sgr de Sarcé, d'Issé et Bocé, chevalier de Saint-
Louis.
René-Alexandre de Sarcé, Sgr de la Giraudière.

René-François Simon, Sgr de Ville-Gontier.
Pierre-François Simon de Ville-Gontier, Sgr de la Louettière, chevalier
de Saint-Louis.
Louis-Henri Simon de la Besnardais.
Pierre-René Sireuil, Sgr de la Touche.
Toussaint-Ambroise Talour, Sgr de la Villenière.
Jean-Barthélemy-Geneviève Talour de la Carterie.
Pierre-Charles de Terves, Sgr de Laujouère, du Margot et de Contigné,
chevalier de Saint-Louis.
Charles-Aimé de Terves, Sgr de la Mabilière.
Charles-Louis-Armand de Terves de Lucé, Sgr de Chartres,
,— Jean-Charles-Armand de Terves, Sgr de Teilledras.
Charles-Prosper de Terves.
Pierre-René Thibauld de la Pinière, Sgr des Boulinières,
— Pierre-François-Joseph de Flaming, Sgr de la Bru-
laire.
Charles-Thomas de Jonchère, Sgr de la Guitonnière et de la Feslerie.
Jacques-Thomas de Jonchère, Sgr de la Thibaudière,
— Élie-Joseph-Louis de Billon, seigneur du Coudray,
— Constantin-Victor de Ver, Sgr de Courléon.
René-Sébastien Letourneux, Sgr de la Perraudière,
— Louis-Auguste-Jean de Ridouet, Sgr de Rouveau,
— Perrine-Claude-Guillelmine de la Haye, épouse non
commune en biens de Louis-Gédéon-Marthe de Ridouet de
Sarcé, dame de la Galaisière.
Gabriel du Tremblier, Sgr de Chauvigny et du Plessis-Galeron.
Jean-Marie-Augustin Trouillet de Bléré, Sgr de Pellouaille, de la Ber-
thière et de Foudon, chevalier de Saint-Louis,
— Marie-Marguerite-Eléonore Trouillet de l'Echasserie, dame
de l'Orchère et de la Turpinière, épouse non commune en
biens de Gilberti de Corregio.
Jeanne-Elisabeth de Villuine, veuve de Nicolas-Joseph de Courtoux,
dame de la Gauvrière.
Guy Turpin de Crissé, Sgr de la Ferté,
— Joseph-Gabriel-Toussaint de Grignon de Pouzanges, ou
Pouzanges, Sgr de la Vallière.
Prosper-Urbain Turpin de Crissé, Sgr de la Rivière-Dorvaux,
— Antoine-César de Choiseul de Praslin, Sgr de Varenne et
de Chamarin,
— Rose Chauvel, veuve de Pierre-Louis-Claude de la Fauge-
rie, Sgr du Pin, dame de l'Hermitage.
Lancelot de Turpin de Crissé, Sgr d'Angrie,
— Joseph-Gabriel de la Pommeraie de Kerenbart, Sgr de Lan-
demont,
— Françoise-Jeanne-Antoinette Féron de la Feronnaie (la
Ferronnays), veuve de Louis-François Jaillard de la Maron-
nière, dame de Villeprouvée.
Jean-Joseph Trochon de Beaumont, seigneur de Mortreux,
— Jacques de Bremont, Sgr de la Motte et de Tiercé,
— Louis-Emmanuel de Terves, Sgr du Plessis.

Charles de Vansay, Sgr de la Barre et de Parpacé,
>       — Marie-Françoise-Alexandrine de Briqueville de la Luzerne,
>       veuve d'Armand-François-René de Hardouin de la Gi-
>       rouardière, bail de sès enfants, dame de Moulines et Cheviré-
>       le-Rouge.

Louis-Thomas de Varice de Juigné, chevalier de Saint-Louis.
Camille de Varice du Mesnil, Sgr de la Goultière,
>       — Casimir de Varice, Sgr du Mesnil,
>       — Jacques-René de Varice, Sgr de Vauléard.

Antoine-Jean-Baptiste-Paulin Walsh, chevalier de Saint-Louis.
Antoine-Joseph-Philippe Walsh de Serrant, Sgr de Serrant et de Champ-
>       tocé, maréchal de camp,
>       — Claude-Amable-François Robin, Sgr de la Tremblaye, che-
>       valier non profès de l'ordre de Saint-Jean de Jérusalem,
>       — Dominique-Alexandre de Jaudonnet de Laugrenière, Sgr de
>       l'Oursellière.

Antoine-Louis-René de Varice, Sgr de Marcillé, paroisse du Plessis-Macé,
>       — Pierre de Varice de Marcillé, Sgr de Buchet,
>       — Renée Rodays, veuve de Jacques-Louis de Varice, Sgr de
>       Vauléard.

.Alexis-René de Varice, Sgr des Époids.
Julien Veillon, Sgr de la Rivière-Cormier,
>       — René-Louis-Julien Veillon, Sgr de la Deniollaie.

Louis de Villeneuve, Sgr de Coué.
Louis-Charles de Villeneuve, Sgr de..., paroisse d'Echaubrognes.
Marie-Jacques de Villiers-l'Isle-Adam, Sgr du Teil,
>       — Guy-Marie-François Le Bel de la Jaillière, Sgr de la Motte-
>       d'Orveaux et d'Aviré,
>       — Érasme-Gaspard de Contades, Sgr du Châtaigner.

Louis-Augustin de Villeneuve, Sgr de Pontron.
Pierre de la Challonie, Sgr de la Blottais et de la Bretonnière,
>       — Joseph-Anne-Augustin de Croï, duc d'Havré, prince du Saint-
>       Empire, Sgr de Chemillé et Chollet, maréchal de camp.

Pierre-Marie-Maurille de Villebois-Mareuil, Sgr de la Gillière, chevalier
>       de Saint-Lazare.

Louis de Varice, l'aîné.

# SÉNÉCHAUSSÉE DE SAUMUR.

*Procès verbal de l'Assemblée générale des trois ordres* (1).

9 et 11 mars 1789.

(*Archiv. imp.* B. III, 140, p. 61, 171 — 228.)

## NOBLESSE.

Augustin-Félix-Élisabeth Barrin, chevalier, comte de la Galissonnière, chef de nom et armes, etc., maréchal de camp, grand sénéchal d'épée héréditaire de la province d'Anjou, et pays Saumurois.

Monsieur, fils de France, frère du Roi, comparant par
— Louis-Henri-Georges Aubert du Petit-Thouars, lieutenant de Roi, à Saumur.

Le Sgr châtelain de la Grézille, non comparant.

La demoiselle de Valory, dame de la Galopinière,
— Jacob Vallois.

Louis de Gibot, chevalier, Sgr d'Audesigny,
— Luc-René Gibot-Chevais, marquis de Rigni, son fils.

Joseph-François Debrie–Serrant (de Brie), chevalier, Sgr de Fourneaux et du Bellay.

Augustin-Toussaint Berthelot du Plessis, chevalier, Sgr du Plessis et Daligny (Aligny),
— Jean-Marie Berthelot de Villeneuve.

Dame Jeanne-Marie-Louise de Verrée (Verret), veuve de Louis de Vielban (Vieilbant), dame de Lerné,
— Louis-Jean-Magdeleine Pitatouin de la Touche (de la Coste).

Armand de Beauregard, chevalier de Saint-Louis, Sgr de la Tour du Bouchet, non comparant.

De Folzère, chevalier de Saint-Louis, Sgr de Rigny-les-Bois,
— Jean-Denis Demondomaine (de Mondomaine), major de place de cette ville.

De Bridieu, Sgr des Grandes Roches,
— Demondomaine (de Mondomaine).

Jean-François Lespagneul de la Plante, Sgr du Pré, etc.

Charles-Élie de Ferrières, Sgr de Bousageau, Poligny, fief Levraux en Sauves, fief Le Roi en Cuon.

(1 Cette liste a été collationnée sur la minute du procès-verbal des Archives de l'Empire. B. a. IV, 68, et revue sur le procès-verbal de l'assemblée de l'ordre de la noblesse de la sénéchaussée de Saumur et pays saumurois, imprimé à Saumur. chez M. de Gouy, 1789. — Broch. in-8° *Bibl. imp.*, Le, 23, 171¹.

Demarreau de Bois-Guérin, (de Marreau), Sgr de la paroisse de Bour-
    nezeau,
        — De Vigdieu.
Marc-Antoine Beuviers, Sgr de Rivaranne-les-Touches-Puits-Sallé, la
    Giraudière de Bournezeau, la Vouste, etc.,
        — De Ferrières.
Mme la marquise de Montmorency, non comparante.
Benoist de la Husaudière, Sgr de Haut-Brizé, non comparant.
René-Pierre Devaudel (de Vandel), chevalier de Saint-Louis, Sgr de
    Bralon et de la Martinière,
        — Jean-Jacques de Sanglier.
Toussaint le Jumeau, chevalier de Saint-Louis, baron de Blou, Sgr des
    Tuffeaux, Neuillé en Vivy, etc.
Anne-Pierre du Planty (Boilesve), Sgr de la Motaye en Blou.
Étienne de Saint-Hubert.
Raoul-René Petit, baron de Blaizon, Sgr châtelain de Chemeillé.
Henri-Charles de Longueuil, Sgr de la Giraudière,
        — Joseph-François-Eustache de Brie-Serrant.
Louis-Jean-César de la Rue proteste contre la qualité de Sgr de la Gi-
    raudière, pris par M. de Longueuil ; acte lui est donné de sa protes-
    tation, défenses sauves.
Pierre comte Tenereau, Sgr de Colliers,
        — De Pigonneau, *aliàs* Pignonneau.
René-Charles Louët, Sgr de la Boutonnière et du fief de Raindron,
        — Joseph-Charles Debelere-Dutronchay (de Bellere du Tron-
        chay).
Jean-Laurent de Quantineau (Cantineau), Sgr de la Pichardière, etc.,
        — Anne-Louis-Marie-François de Goislard, vicomte de Mont-
        sabert.
De la Paumellière, Sgr de Longueville, non comparant.
Degonin de Montreuil, Sgr de Chemaut (Gohin de Montreuil),
        — De Valois, l'aîné.
Dame Charlotte Degrudé, veuve de Marie-Urbain-Charles de Maillé,
        — De Goislard.
Henri-Jacques de la Rue, Sgr de la Giraudière,
        — De la Rue, son fils.
Jacques-Honorat comte de la Rivière-Bueil, Sgr de Bouillé-Loret.
Jacques-Charles Lefèvre de Chaste (de Chaille), Sgr de Maurepart,
        — René-Clément Fournier de Bois-Ayrault.
De la Brosse, non comparant.
Henri-Evrard de Dreux, marquis de Brézé,
        — René-Henri de Caux de Chacé.
Luc-René, marquis de Gibot, Sgr de Bagneux, en Marche.
Mabille de la Paumelière, non comparant.
Claude-François Durozel-Debillé (du Rozel de Billy).
Delalory (de la Lory), Sgr d'Etiau,
        — Raoul Petit.
Anne-Louis-Henri-Charles-Prosper-Ambroise, comte de Montsabert.
Jean-Baptiste Thuillier de Saint-Hilaire, Sgr de la Lande et de la
    Renaudrie.

Demondion (de Mondion), Sgr de Courconé.

Jean-Jacques-René Thubert, Sgr de la Villaye (Vrillaie).

Jean-Armand Delestre (de Laistre), comte de Fontenay, Sgr de Jarzais en Mirhalais,
   — De Rabreuil aîné.

Duchilleau, Sgr des Grands-Ormeaux (du Chilleau).

De Bourdeil, Sgr des fiefs de la paroisse de Champigny, non comparant.

René-Pierre-Charles Piet ou Piette de Beaurepaire, Sgr de Beaurepaire.

Jean-Charles-Gabriel Brunet, Sgr de Brossé (Brossai).

Les enfants mineurs de Charles-Étienne Dupuy, Sgr de la haute et basse Coudraye,
   — Marie Berthelot de Villeneuve.

Jacques-François de la Béraudière, Sgr de Maumusson,
   — Paul-Claude-François Desmé.

Paul-Gabriel Le Noir de Pas de Loup, Sgr de la Cour de Couziers.

Desromans de la Goujonnière, non comparant.

Charles-Élie de Ferrières, Sgr du fief Levraux et de la Grifonnerie.

Marie-César-Antoine de Vernon, chevalier de Bonneuil, Sgr de la Touerie et Lachaize,
   — Jacques-René de Rabreuil.

François-Geneviève Tudert (de Tudert), Sgr de la Burnalière,
   — De Fontenay.

Dame Marguerite Govin de Cuingé, veuve de Luc de la Porte, dame du fief de la Garanne,
   — René-Pierre-Charles Piet de Beaurepaire.

Dame Louise Portier de Lantime, veuve de messire de Charnières, dame de Preuil, la Vieille-Lande, Cercay, etc.,
   — Armand Joret (*alias* Jarret).

Louis-Jacques Rolland, comte des Ecotais, Sgr du Coudray Maconard,
   — Charles-Henri-François de Maillé-la-Tour-Landry.

Jacob Valois, Sgr de Louzy.

Chevalier de Moulins.

Louis-Roland-Marie-Joseph du Breuil-Dubos (du Bost), Sgr de la Gerbaudière, etc.

René-Henri de Caux, Sgr de Chacé.

Le comte de Chateigner, non comparant.

Jean-Charles-René de Chouppe,
   — Antoine-Charles Aschard de la Haye.

Duson de Grizé, non comparant.

Bequet de Sonné, Sgr de Courchamps, non comparant.

François-Xavier, chevalier d'Aviau de Piolan, Sgr de Chervé, le Fresne et la Jarie (Daviau de Piolan de Charne),
   — Alexis, baron de la Haye.

Constantin-Victor Devert, Sgr de Courléon et Saint-Philbert.

### *Séance du 11 mars.*

Joseph-François Foullon, Sgr baron de Doué, non comparant.

Louis-René de l'Étoile, Sgr de Beauregard,
   — Claude-Rosalie de Missart (de Cuissart).

Armand  avereau (Favreau), Sgr châtelain de Doucé,
       — Jean-Jacques-Claude Gaudal de la Gaudalie.
Jean-Jacques-Pierre-Claude Gaudal de la Gaudalie, Sgr de Bois-d'Eau
  (Godal de la Godalie).
Jean-François Favereau (Favreau),
       — De la Gaudalie (de la Godalie).
Charles-Armand-Louis du Chesneau, marquis, Sgr de Terrefort,
       — Jacques, chevalier de Rabreuil.
Henri Lalande, Sgr de Pinpéan, Grezillé, Alligné et le Grollé (La Lande
  du Pinpeant),
       — Goislard de Montsabert.
Pierre-Germain Béritaut, Sgr de la Bruère, la Chenaye et la Fosse,
       — Du Tremblier de Chavigny (Chauvigny).
Aimé-Mathieu de Jussaume (Jousseaume), Sgr de la Chambruère,
       — Constantin-Victor Devert (de Ver).
Louis-Paul de Brancas, duc de Céreste, Sgr de Gizeux,
       — René-Raoul Petit, Sgr du Blaizon.
Jacques-Auguste Poisson de Montaigu, Sgr de Saint-Eusèbe de Gennes-
  sur-Loire, des Roziers-sous-le-Puy, etc.
Mme veuve Derousse,
       — Georges-Laurent Aubert, chevalier.
Jean-Jacques Devert (de Ver), chevalier, Sgr du Chapeau.
Louis-Jacques de Moulins, chevalier, Sgr de la Roche-de-Gen-
  nes, etc.
Jean-Baptiste du Laurent, Sgr de Brions.
Mme Demoulin (de Moulins), dame de la Gennevraie, non comparante.
Thoreau, Sgr de la Grimaudière, non comparant.
Le comte de Montaignac, Sgr de la Salle, non comparant.
Alexis de la Haye, baron de la Haye et de la Fougereuse.
Charles-Antoine Aschard de la Haye, Sgr de Ligné, Laugon et Piernon
  en Verrue.
Claude-Louis, vicomte de Foucaud, Sgr du Fresne, Champ-Blausaye et
  la Berthelotaye,
       — Descajeul.
Claude-Gabriel Mabille, chevalier, Sgr de Poizay et Loumois,
       — Louis-Jacques de Moulins aîné.
Jacques-François Nau de Cordais, chevalier, Sgr de Montjean et la
  Hurtaudière,
       — Desmoulins (de Moulins).
Jacques de Richaudeau de Parnay, chevalier, Sgr de Loizellière en
  Longué, etc.
Anne Boilesve du Planty, Sgr du fief des Aulnais et de Norzon,
       — Boilesve du Planty, son fils.
François-Armand de la Chaussée de Boucherville, Sgr de Coudreaux,
       — Alexandre, comte de la Motte-Baracé.
Jean-Marie-Auguste Desmé de Chavigny, Sgr de la Blaye, Maulevrier,
  la Rue, Cessigny, etc.,
       — Paul-Claude-François Desmé (Desmé du Puygirault).
Gui-Marie-François Le Bel, Sgr de Launay Louresse, etc.,
       — Fournier de Bois-Ayrault.

De Sourches, comte de Montsoreau,
        — De Maillé de la Tour-Landry.
René-Charles Maillard, Sgr des Grands-Écoyeux et Mangrangné et Mir-
    balaye,
        — François Morain (Morin).
Louis de Jousselin, Sgr de la Gaucherie et le Meniaurenard.
Dame Le Roy, veuve d'Hector de Tirpoil, non comparante.
Charles-Louis-Joseph Desromans (des Romans), Sgr de Flins et de la
    Goujonnière,
        — Pierre-Prosper-Hippolyte de Sanglier.
De la Barre, chevalier, Sgr de Maligné, non comparant.
Pierre-François de Bélere, Sgr du Tronchay, Pied de Flon et Bonneau,
        — De Bélere du Tronchay son frère.
Jean-Bretagne-Charles-Godefroy, duc de la Tremoille, baron de Montreuil
    Bellay,
        — Jean-Marie Daviau de Piolan.
Charles-Marie-Joseph de Crozé, Sgr de la Treille.
De Marconné (Marconay), Sgr de Marconné, non comparant.
Louis-Charles de Fouchier, Sgr de Chateauneuf.
Jean de Chateigner, Sgr du Pont, non comparant.
Charles-Louis de Buneau, Sgr de Montbrun et Rigny,
        — Daviau de Piolan.
Jean-Pierre Roy, Sgr du Haut Mayé, Landrière et fief Bonnet.
Jean Dabadie (d'Abadie), Sgr de Montcontour, non comparant.
Camille-Abraham Carrefour de la Pelouze, Sgr de la Tremblaye, Tire-
    mouche, etc.
Pierre-Claude Perrault, Sgr de la Bertaudière.
Louis-Isaac-Auguste, comte de Marconné (Marconay), Sgr de Mareuil
    et de Marnay,
        — Antoine-Charles Aschard de la Haye.
Pierre Gain, écuyer, Sgr de Nancré, non comparant.
Marie-François Bonin de Noiré, non comparant.
Le comte Dauvet, Sgr de la Grize et des Peaux, non comparant.
Bernard-Jean-Mathurin de Bernard, Sgr de la Jaille et de la Coudraye
    Renjoux.
Bitaut, Sgr de Vaillé,
        — Aubert du Petit-Thouars.
Armand Joret, écuyer, Sgr de Monchenin, les Grand et Petit Paillé, la
    Pacaudière, *alias* Montpaly.
Henri-Pierre-Marie Poulain, Sgr du fief de Méré,
        — Henri-Louis-Florimond Poulain, son fils.
Mlle Sainte de Longueil, dame de Noyant,
        — De Brie-Serrant.
Luc-René, marquis de Gibot, Sgr du Puy-Notre-Dame de Chavagne,
    de Rozé en Vaudelnay, de Tournay en Doucé et Saint-Macaire.
Jacques-Nicolas-Honorat, comte de la Rivière-Bueil, Sgr de Bouillé
    Loret et de la Vacherie.
Michel-Laurent Falloux, Sgr du Lys,
        — Le comte de la Rivière-Bueil.
René-Jean-Guillaume Vallois, Sgr des Aulnais.

Dame Marie-Gabrielle-Claude Lejumeau (Le Jumeau), dame du fief de la Brosse en Neuillé, du Plessis en Viry, de la Brosse en Allone,
> — Joseph-Jacques-Philippe-Michel Bernard.

Jean Sourdeau de Beauregard, Sgr de Beauregard et de la Girarderie.

René de Montaguet, Sgr de Richemont, non comparant.

De la Roche du Maine, non comparant.

Le comte de Maulevrier, non comparant.

Mme la marquise de Menou, non comparante.

Armand Duplessis, duc de Richelieu, non comparant.

Pierre-Isaïe Gebert, *alias* de Jébert, Sgr de Pont, partie de Chantegeau et de Bourné en Bralon.

Paul-Claude-François Desmé, écuyer, Sgr du Puy-Girault et de l'Isle.

Jean de Messemé, Sgr de Sangué, non comparant.

De Messemé, Sgr du Cormier, non comparant.

Charles-Louis de Lespaye Sgr de Saint-Generoux et fiefs y annexés (de Lepais de Saint-Generou).

Charles-Jean-Marie Daviau de Piolau, Sgr du bois de Sanzay.

Claude-Louis-Rosalie de Cuissard, chevalier, Sgr de Bussy Fontaine, Savonnière, et la Bruillière.

Jean-Joseph de la Selle, Sgr de Saint-Just-les-Verchès, Echeuilly, Ligné, le Vaudelnay, etc.,
> — Louis-Magdeleine Pitatouin de la Touche.

André-Maxime de Fouchier, Sgr de Chamereul et du Vivier, — Fouchier.

Mareau de la Bouclière de Bois-Guérin, Sgr de Rochefort, non comparant.

Jean-Éloy de Pilonneau, Sgr de la Fouleresse.

Georges Hector, Sgr de la Gauberlière, non comparant.

Louis-Éléonore de Fay, Sgr de Saint-Macaire et de Chavigny en Macon.

Du Tremblier de Chauvigny.

Dame Anne Delorand de Joreau, dame du fief de Perchart,
> — Jacob de Vallois.

Nicolas Demorans, Sgr de Rougemont, non comparant.

Marie Romain, Sgr de la Sansonnière et de Vandor,
> — Gilles-Gabriel de Boumois.

Duvau de Chavaigne, Sgr de Lerbière,
> — De Billé (du Rozel de Billy).

Rémy-Philippe de Maubert de Coisbré Sgr du Plessis, de Thiours et de Fontaine (de Moisbert de Coisbray),
> — Goislard de Montsabert.

Jacques-René Hacquet de Férolle, Sgr de Saint-Cir la Lande et de Saint-Martin de Macon.

Louis-Jean-Magdeleine Pitatouin de la Touche, Sgr de la Coste, Lavauduc, etc.

Louis-Anne-Aimé-Jean-Baptiste de la Fontaine, baron de Fontenay, Sgr de Saint-Pierre-en-Vaux.

René-Clément Fournier, Sgr de Bois-Ayrault.

Dame Louise-Elisabeth Thoreau, veuve de messire Forieu Sainte-Juire, non comparante.

Alexandre de la Motte-Baracé, Sgr de Seuilly.

Jean-Marie Descajeul, Sgr de la Motte-Saint-Bonnet.
Henri-Armand de la Roche-Verney, Sgr de Verrue et des Morains,
    — Jacques-René Derabreuil (de Rabreuil).
Gilles-Gabriel-René Aubert de Boumois, Sgr de Boumois.
Aubert Aubert, Sgr d'Arthenay.
Demoiselle Marie-Jeanne de Cornillon, dame de la paroisse de Sainte-
  Vierge et de la forêt du dit lieu,
    — Rodais ou Rodaix.
Louis-Henri Dutertre (du Tertre), prêtre, Sgr du fief de la Nouzille,
    — De Cuissard de Mareil.
Hippolyte, marquis de Touloujon (Toulongeon), Sgr de Tigné,
    — Le marquis de Gibot.
De Villiers, Sgr des grand et petit Riaux et de Roquet,
    — De Richaudeau de Parnay.
Jean-Baptiste-Charles du Bœuf, Sgr d'Albin,
    — Jacques, chevalier de Rabreuil.
Paul Degazeaux (de Gazeau), Sgr de la Touche et Chailly,
    — Armand-Daniel Tubert (de Thubert).
Daniel de Thubert, Sgr de la Chaussée.
Gabriel-Jean-Baptiste-Marie Duchilleau, Sgr de la Tour Saint-Gelin (du
  Chilleau).
Jacques-René Varice, Sgr de la Vignolle,
    — De Richaudeau de Mongerville.
Dame Agnès Oschiell, veuve de Jean Destapleton (de Stapleton), comte
  de Trèves,
    — Luc-Egmont, comte de Stapleton.
Le comte de Stapleton, comte de Bournée en Louresse et de la Haye-en-
  Chetigné.
Dame Jeanne-Scholastique Le Page de Varancé, veuve de Paul Deso-
  loge (de Solage), dame de la Maison-Neuve,
    — Jacques Boullay Dumartray (Boullai du Martrai).
Jacques Boullay-Dumartray, Sgr de Launay et du Pati.
Madame de Saqueuville, non comparante.
Marin de Cuissard de Mareil, Sgr de la Barbinière.
Charles-Henri-François de Maillé, Sgr de Vernantes.
Le Roux de Mazé, non comparant.
Madame de Jaucourt,
    — De Caux de Chacé.
De La Groix, comte de Besson, Sgr de Bougerée,
    — De Fontenay.
Le marquis de Vallory, Sgr de Lassé, non comparant.
Louis-Auguste de Guillot de la Bardoullière, Sgr de la Présaye,
    — Descajeul.
Joseph-Jacques de Bernard, chevalier, Sgr de la Roche, etc.
De Saint-Germain, Sgr de Centures, non comparant.
Durousay, Sgr de la Barbinière, non comparant.
Antoine-Charles de la Haye, Sgr de Purnon.
Dame Catherine Chantelou de Porte-Bise, veuve de Charles-Pierre Le
  Large, dame de Pierre Basse, non comparante.
Pierre-Léon Rodais, Sgr de Champagne.

Joseph Le Noir, chevalier, Sgr de Varrains, de Chamtre et de la Bois-
sière, non comparant.

*Gentilshommes non possédant fiefs :*

De la Pelouze, demeurant à Blou.
Philippe Thoreau, à Saumur.
Jean-Marie Berthelot de Villeneuve, à Souzay.
Jacques, chevalier de Monbreuil, à Mirebeau.
Jacques-René de la Breuil, (Rabreuil) à Mirebeau.
François de Morains, à Vouzailles.
Robert-François-Joseph Quesnay de Saint-Germain, conseiller à la cour
des aides de Paris, à Saumur.
Jacques-Emery Dupuy, à Saumur.
René de Caux, à Saumur.
Jean-Jacques de Sanglier père, à Saumur.
Pierre-Prosper-Hippolyte de Sanglier fils, à Saumur.
Pierre-Urbain, comte de Vassé, à Saumur.
Pierre-Bernard de Richaudeau de Mongerville, à Saumur.
Joseph-Charles de Belère du Tronchay, à Saumur.
Georges-Laurent Aubert, à Saumur.
Joseph-Louis-Fredéric de Fay, à Saint-Macaire.
Anne-Louis Goislard de Montsabert.
Anne-Eutrope Peltier de Peltot, lieutenant d'invalides au château de
Saumur.
Alexandre-César-François Durozel de Billé (du Rozel de Billy), à Cou-
tures.
Aristide Aubert, à Saumur.
Louis-Henri-Georges Aubert du Petit-Thouars, lieutenant de roi du châ-
teau de Saumur, y demeurant.
Jacques-René Hacquet de Férol (Haquet de Férolle).
Claude-Thomas Desmé-Dubuisson, président sénéchal, lieutenant gé-
néral de la sénéchaussée de Saumur, y demeurant.
De Chereau.
Hulin de Boisaudier.
Le Large (1).

---

# LISTE DES DÉPUTÉS DES TROIS ORDRES

### AUX ÉTATS GÉNÉRAUX DE 1789.

—

### SÉNÉCHAUSSÉE D'ANJOU

Pierre-Jérôme Chatizel, curé de Soulaine, près Angers.
Jacques Rangeard, archiprêtre d'Angers, curé d'Audard.

---

(1) Ces trois derniers noms sont portés sur le procès-verbal de comparution des
membres de l'ordre de la noblesse en l'assemblée particulière de cet ordre, p. 16.

Laurent-François Rabin, curé de N.-D. de Cholet.
Louis-François Martinet, chanoine régulier de la congrégation de France, prieur curé de Daon.
Jacquemar, curé de Brissarte, suppléant.
Boumard, curé de Sainte-Croix à Angers, suppléant.

Augustin-Félix-Élisabeth Barrin, comte de la Galissonnière, maréchal de camp, grand sénéchal d'épée héréditaire de la province d'Anjou.
Jean-Guillaume de la Planche, comte de Ruillé.
Dieusie-Louis, comte de Dieusie.
Renaud-César-Louis de Choiseul, duc de Praslin.
D'Andigné de Moineuf, suppléant.
Amelin de Chaillou, conseiller au Parlement, suppléant.

Marie-Joseph Milscent, lieutenant particulier de la sénéchaussée et présidial d'Angers.
Constantin-François Chassebœuf de Volney, bourgeois à Angers.
Louis-Marie de la Réveillère de Lepeaud, bourgeois à Angers.
Jean-François Riche, négociant à Angers.
Thomas-Marie-Gabriel Desmazières, conseiller au présidial d'Angers.
Louis-Étienne Brevet de Beaujour, avocat du Roi au présidial d'Angers.
Louis-François Allard, médecin à Châteaugontier.
Julien-Camille Le Maignan, lieutenant criminel en la sénéchaussée de Baugé.
Pilastre de la Brardière, suppléant.
Le Clerc, conseiller en l'élection d'Angers, suppléant,
Druillon de Morvilliers, avocat, suppléant.
Davy des Pilletières, avocat du Roi à la Flèche, suppléant.

## SÉNÉCHAUSSÉE DE SAUMUR

Mesnard, prieur curé d'Aubigné.
Le curé d'Antogné, suppléant.

Le marquis de Ferrières.
De Chacé, chevalier de Saint-Louis, suppléant.

De Cigongne, négociant.
Bizard, ancien maire.
Ragonneau, avocat à Richelieu, suppléant.

# GOUVERNEMENT MILITAIRE

### ANJOU

Le prince de Lambesc, gouverneur général.
Le comte de la Tour d'Auvergne, lieutenant général.
Le marquis d'Autichamp, lieutenant de Roi.

*Lieutenants des maréchaux de France.*

Le comte de Bourmont, chevalier de Saint-Louis, à Angers.
Le Tourneur de la Peraudière, à Angers.
Boylève de Planty, à Angers.
Duchillois, chevalier de Saint-Louis, à Montreuil-Bellay.

*Gouvernements particuliers.*

Le prince de Lambesc, gouverneur à Angers.
Le marquis d'Autichamp, lieutenant de Roi à Angers.
De la Dominière, major à Angers.

## SAUMUROIS

Le prince d'Egmont-Pignatelli, gouverneur général.
Le comte d'Andigné, lieutenant de Roi.

*Lieutenant des maréchaux de France.*

Du Petit-Thouars, à Saumur.

*Gouvernements particuliers.*

Du Petit-Thouars, lieutenant de Roi à Saumur.
De Mondomaine, major au château.
De Clairval, aide-major au château.

# PRÉSIDIAL D'ANGERS

Le Présidial d'Angers, auquel était uni le titre de Juge conservateur des priviléges de l'Université de la même ville, avait dans son ressort les sénéchaussées royales de Saumur, de Baugé, de Beaufort, et la duché-pairie de Richelieu.

N....., lieutenant général civil (l'office était vacant en 1789).
Allard, lieutenant général de police.

Huvelin du Vivier, lieutenant général criminel.
Ollivier de Préneuf, lieutenant particulier.
Milscent, lieutenant particulier assesseur civil.

Ayrault, doyen.
Gandon de Louvrinière.
Berthelot de la Durandière.
Margariteau.
Desmazières.

Aubin de Nerbonne.
Beguyer de Chamboureau.
Boileau de Chandoiseau.
De la Revelière.
Cauraudin de la Noue.

*Gens du Roi.*

Benoist, avocat du Roi.
Bodard, procureur du Roi.
Brevet de Beaujour, avocat du Roi.
Viger des Hubinières, substitut.

---

# PRÉSIDIAL DE CHATEAU-GÓNTHIER

Guitau, lieutenant général civil.
La Croix, lieutenant général de police.
Boucault, secrétaire du Roi, lieutenant général de police honoraire.
Trochon de Villeprouvé, lieutenant criminel.
Le Motheux de Chitray, lieutenant particulier.
Perrière de Letancher, doyen.
Dublineau.
Maumousseau de Changrenu.
Buhigné de Grandval.
Deridon.
Cadok-Duplessis.

*Gens du Roi.*

Dublineau, avocat du Roi.
Foussier, procureur du Roi.
Martin, greffier en chef.

---

# PRÉSIDIAL DE LA FLÈCHE

Busson, lieutenant général civil.
Brillart de Beaucé, lieutenant général de police.
Le Goux de Vaux, lieutenant général criminel.
Meslin, lieutenant particulier.

Sireuil, doyen.
Auvé d'Aubigny.
Davy des Pilletières, avocat du Roi.
Chaubry, avocat du Roi.
Maréchal de Lucé, procureur du Roi.

---

# CHAPITRE NOBLE DE DAMES

## ABBAYE DU RONCERAY

Les preuves de noblesse étaient de huit quartiers, quatre paternels, quatre maternels. Cette abbaye avait été fondée dans la ville d'Angers par Foulques de Néra, comte d'Anjou, et Hildegarde sa femme, en 1028.

Léontine d'Esparbez de Lussan-Bouchard d'Aubeterre, abbesse.

De Scépeaux.
De Cuillé.
De Villeneuve.
De Bréhan.
De la Motte de Sénonne.
De la Beraudière de Maumusson.
Turpin de Crissé.
De Bellegarde.
Louise de Vaugirauld.
Le Cornu.
Renée de la Haye de Bellegarde.
Thérèse de Vaugirauld de Quéaus-sang.
Charbonnier de la Guesnerie.
Prévôt de Saint-Mars.

Veillon.
Rose de Bessai de la Voute.
De Mello.
Andayé.
De la Roche.
Ursule de Bessai de la Voute.
Guiot de Lunesse.
Kerscau.
De Jousserant.
Nadau de Nonhère.
De Courson.
De Montsorbier.
De Monchamp.
De Graisseau.

Paris. — Imprimerie de Dubuisson et Cie rue Coq-Héron, 5.